El Loro R

por Felisha Ortega

ilustrado por Ruth Flannigan

Destreza clave Sílabas con *Rr*

Scott Foresman
is an imprint of

PEARSON

 Mira al loro René.

El loro René está en su rama.

Papá mira al loro.

El loro René tiene calor.

¿Se puede abanicar el loro?

El loro René se abanica.

¡Todos se abanican!